PRÉCIS DES TRAVAUX

DE LA R∴ L∴ DE St. JEAN D'ÉCOSSE

SOUS LE TITRE DISTINCTIF

DES AMIS DE NAPOLÉON LE GRAND,

DU PARFAIT ACCORD

A L'O∴ D'ALEXANDRIE,

RELATIFS

À LA NAISSANCE DU ROI DE ROME

ET A LA FÊTE DE L'ORDRE

DE St. JEAN D'ÉTÉ

5811.

ALEXANDRIE,
DE L'IMPRIMERIE DE LOUIS CAPRIOLO.

FÊTE

EN L'HONNEUR

DE LA NAISSANCE DU ROI DE ROME

ET

DE LA SAINT JEAN D'ÉTÉ

5811.

DISPOSITIONS PRÉLIMINAIRES.

Arrêté pris par la R∴ L∴ des Amis de Napoléon le Grand du Parfait Accord, *dans sa séance du 17.ᵉ jour du 3.ᵉ mois 5811, (17 mai 1811) conformément aux propositions du F∴ Brad Or∴*

La L∴ des Amis de Napoléon le Grand du Parfait Accord, considérant que tous les M∴ Français doivent prendre part aux fêtes de la patrie.

Considérant que les plus belles fêtes sont celles par lesquelles s'annonce le bonheur des peuples.

Considérant que les fêtes à l'occasion de la naissance du Roi de Rome sont de ce nombre ; et voulant unir ses sentiments d'allégresse et d'attachement à ceux que va bientôt exprimer toute la France : arrête.

1.º Les fêtes du 2 juin seront célébrées le 24 du même mois, jour de la S.ᵗ Jean, par la Loge des Amis de Napoléon le Grand.

2.º Cette fête consistera dans une cérémonie Maçonnique au temple, et dans une L∴ de banquet.

3.º Un programme de cette fête sera incessamment proposé à la L∴.

4.º Les LL∴ affiliées seront invitées par députation à cette fête.

5.º Une commission sera en conséquence nommée aujourd'hui pour en arrêter les dispositions, et les proposer à la L∴ dans sa première séance.

———⚙———

DÉCORATION DU TEMPLE.

Conformément au programme fait en vertu de l'arrêté précité, le F∴ Astier, Architecte de la L∴ s'est empressé de faire décorer le temple de la manière suivante :

D'immenses branchages de chêne enlacés de fleurs recouvraient les colonnes et la voûte du temple : ils formaient comme une seconde architecture de verdure sous laquelle brillait un grand nombre de lustres et d'étoiles. L'O∴ également embelli de feuillages et de fleurs, était principalement éclairé par des étoiles nombreuses, artistement placées sous les branchages de deux acacias. A l'Oc∴, sous une draperie de pourpre, on voyait un transparent portant ces mots.

AU ROI DE ROME

Les Amis de Napoléon le Grand.

Au milieu du temple s'élevait un trône richement décoré ; il supportait un berceau revêtu de pourpre, de broderies éclatantes, et surmonté d'un dais de fleurs. Aux quatre coins, sur des piédestaux isolés, étaient placés de grands vases d'arbustes fleuris. D'autres vases de fleurs odoriférantes ornaient les dégrés et les alentours du trône : en avant, sur un trépied se brulaient des parfums, et vers les colonnes du nord et du midi on lisait ces deux inscriptions :

1.re *Inscription.*

Digne fruit d'un himen que l'olimpe féconde,
Le Roi de Rome est né pour le bonheur du monde.

2.e *Inscription.*

Élevé par les soins de son Auguste mère,
A gouverner le monde instruit par un Héros,
Il sera digne un jour de Rome, de son Père,
Et de la France, et du monde en repos.

Telle était la décoration simple et majestueuse dont la L∴ des Amis de Napoléon avait cru devoir environner le berceau de l'Enfant-Roi. A midi précis tous les FF∴ étant réunis, la cérémonie a commencé de la manière suivante.

TRAVAUX.

La R∴ L∴ de St. Jean d'Écosse sous le titre distinctif des Amis de Napoléon le Grand du Parfait Accord à l'O∴ d'Alexandrie, régulièrement convoquée et assemblée sous le point géométrique connu des seuls vrais M∴ dans un lieu très-éclairé, très-régulier et très-fort, ou règnent le silence, la paix et l'amour fraternel, midi plein.

Les travaux ont été ouverts au premier grade symbolique par le T∴ C∴ F∴ Roland Vén∴, et par les TT∴ CC∴ FF∴ Teissier, faisant fonctions de premier Surv∴, et Mallet faisant fonctions de second. Le F∴

Clavet-Gaubert Or∴ et le F∴ Bermond Secrétaire.

On donne lecture de la planche des derniers travaux. Elle est sanctionnée par les batteries d'usage.

Dans le nombre des planches de la correspondance dont il est également donné lecture, la L∴ en applaudit particulièrement une du grand O∴ qui invite tous les M∴ de son rite à s'unir à lui, pour célébrer, par une fête convenable, la naissance du Roi de Rome; la L∴ se félicite d'avoir en cela prévenu le vœu du grand O∴ de France.

Les maîtres des cérémonies annoncent que différents FF∴, députés et visiteurs se trouvent dans les parvis du temple: à l'ordre donné par le Vén∴, ces FF∴ sont introduits avec le cérémonial ordinaire; le Vén∴ répond à leurs discours et les fait placer suivant leurs grades à l'O∴ et sur les colonnes. L'harmonie joue l'air si maçonnique et si connu : *où peut-on être mieux qu'au sein de sa famille ?*

Après quelques instants de recueillement, le Vén∴ annonce par un coup de maillet répété sur les colonnes que la double fête du Roi de Rome et de la St Jean va commencer.

Les FF∴ de l'harmonie exécutent une grande simphonie, et le Vén.·. prenant ensuite la parole, prononce le discours suivant, écouté dans le plus grand silence :

DISCOURS.

Retracer chaque année à pareil jour les préceptes et les devoirs de la bonne maçonnerie, c'est honorer le Grand Architecte et le Patron de l'ordre, c'est marcher au but de notre institution, de la vraie philosophie.

Toi, jeune Maçon, que nous avons jugé digne de notre confiance et de notre amitié, écoute ! tu vas entendre l'accent de la vérité. Puissent ses leçons te devenir salutaires ! elles te concernent plus particulièrement que le Maçon qui les a déjà gravées au fond du cœur.

Devoirs envers l'Être Suprême.

Chaque jour le premier élan de ton âme doit être pour le Créateur de l'univers. Respecte sa volonté ; reconnais sa sagesse infinie, admire l'ordre de son éternel ouvrage et (pour me servir des expressions d'un grand philosophe)

» Gardons en l'adorant un silence profond,
» Le mystère est immense et l'esprit s'y confond ;
» Pour savoir ce qu'il est, il faut être lui-même. »

Tu ne peux donc que blasphémer en osant parler de lui. Tu dois toute confiance au Dieu qui t'a fait naître; ton bonheur en dépend.

Devoirs envers la religion.

Suis la religion de tes pères; nous sommes tous enfans du même Dieu. Un bon Gouvernement protége toutes les religions, lorsqu'elles ont pour premier dogme celui que je viens de rappeller, lorsqu'elles ont pour résultat, comme celle de Jesus-Christ, de faire le bon père, le bon époux, le bon fils, le bon ami, le bon citoyen. Si tu n'es pas tout cela tu n'es pas maçon.

Immortalité de l'âme.

Ton âme est immortelle parcequ'elle émane du sein de la divinité. N'en altère point la perfection, si tu veux qu'elle remonte à son principe lorsqu'elle sera séparée de la matière. La religion t'offre tous les moyens de la conserver pure. Tu ne peux douter de son immortalité sans mettre en problème l'existence d'un Dieu et son immortalité, sans en faire un être tout-à-fait matériel, ce qui serait absurde et contraire au premier sentiment naturel.

Devoirs envers le Souverain.

Tout pouvoir sur la terre ne peut venir que de la providence. Il est donc légitime dans la main qu'elle choisit pour en être le dépositaire. Respecte donc et chéris le Souverain qui nous gouverne avec tant de gloire; soumets-toi à ses volontés; le ciel les a dictées. NAPOLÉON ne doit trouver ici que des amis, des sujets fidèles. Il mérite à tant de titres ce sincère hommage. Réjouis-toi de sa postérité; le sort de la patrie n'est plus incertain.

Devoirs envers la Patrie.

Si tes fatigues, tes biens, ton sang, ta vie sont nécessaires à la patrie, tu dois en faire le sacrifice sans murmure. Honore les enfans qui se dévouent si généreusement à sa défense; sois jaloux de leur sort, c'est le plus glorieux de tous. Vole partout où cette noble mère t'appelle. Guerriers, juges, magistrats, citoyens de tous les états, elle a besoin de vous! le maçon doit être le premier à la servir.

Devoirs envers l'humanité.

L'humanité est ce qu'il y a de plus parfait dans les êtres mortels. Honore-la dans ton semblable, dans toi-même. Ce qui l'élève ou la dégrade le plus, c'est l'âme. Celle d'un berger peut être plus digne du Créateur que celle d'un roi. Tu ne peux donc trop travailler à former la tienne pour annoblir la matière qui la renferme. L'orgueil et la cupidité sont les principales folies des hommes, leur premier ennemi ; gémis en secret de cette fatalité. Console ses victimes. Abhorre d'aussi viles passions. Plains ceux qui en sont les jouets.

Bienfaisance.

Dans le cours de ton initiation, tu as entendu que la bienfaisance est une des vertus qui nous rapproche le plus de l'auteur de notre être. Ne perds jamais cette idée consolante ; mise en action elle rachete les imperfections et le mal que tu as pû faire. L'insensibilité pour le malheur est contre nature, puisqu'elle paralyse les facultés de notre âme. L'avarice est de toutes les passions la plus funeste et la moins susceptible de produire de grandes choses. Elle desseche le cœur et tarit toutes les sources où l'infortuné a droit de se désaltérer. C'est un des fléaux de l'humanité. Tu n'as jamais vû un homme vraiment grand, n'être pas sensible, charitable et généreux. Vois l'orphelin qui te tend les bras, seul signe que lui permette encore la nature pour t'exprimer l'horreur de la faim. Il croit voir en toi l'être fait pour adoucir un sort qu'il n'a pas mérité; il croit trouver en toi l'appui de son innocence. Vois le perclus, l'homme privé de ses membres, chassé de son grabat par les privations, se traîner jusqu'à toi pour mendier le secours qui doit prolonger la plus déplorable existence; vois le vieillard courbé, à demi couvert de lambeaux, te conjurer, d'une voix encore plus affaiblie par le besoin que par les ans, de sauver le reste de ses jours par un peu de nourriture. Vois sur sa natte humide le malheureux en proie aux douleurs les plus aigues, devoré par la fièvre, et abandonné de la nature entière, attendre vainement qu'une main secourable vienne étancher sa soif et l'arracher à la mort impitoyable. Si ces divers tableaux que je ne multiplierai pas d'avantage ne te touchent pas; si la nature ne souffre pas en toi : ne souille plus cette enceinte; elle a besoin d'être purifiée : et le jour de ton trépas sera pour la société un jour de délivrance. Instruis, conseille, protège, soulage tour-à-tour l'humanité; sois indulgent pour l'erreur; ne te venges que par des bienfaits. C'est te préparer les plus douces jouissances, c'est bien remplir les instans de ta vie.

Devoirs envers tes Frères.

Tu as librement choisi les Maçons pour frères, tu étais également libre lorsque tu as juré sur ton honneur d'être fidèle à tes engagemens envers eux. Eh bien tout Maçon de quelque religion, pays et condition qu'il soit, a des droits sacrés à ton assistance, à ton amitié ! tu dois la préférence au frère qui gémit. Le néant d'où tu sors, où tu vas rentrer t'indique l'égagalité parmi les hommes. Tous subissent les mêmes lois. Le Maçon fidèle au vœu de la nature ne connait pas de distinctions. Il rétablit dans ses temples les droits originaires de la famille humaine. Il foule aux pieds les préjugés populaires, et le niveau sacré aligne tous les états. Respecte néanmoins au dehors les distances établies entre les citoyens, elles tiennent à l'ordre des choses, elles sont nécessaires pour l'intérêt général et pour le tien propre. Il est vrai que l'orgueil souvent les imagina et les agrandit, mais il y en aurait beaucoup à les fronder ou à les méconnaître.

Ne dédaigne jamais en public un homme obscur,

mais honnête, que tu as embrassé ici comme frère l'instant auparavant. L'ordre rougirait de toi à son tour et t'enverrait étaler sur les théâtres profanes ta superbe vanité.

Si ton âme ulcérée par des offenses vraies et imaginaires, nourrissait quelqu'inimitié secrète contre un de tes frères, recueille-toi un instant pour écouter la voix de la raison. Elle te dira: que la haine ne souilla jamais le cœur d'un homme bien né; que les petites passions l'avilissent, et que le ressentiment ou la vengeance, faussement appellée le plaisir des dieux, n'est que la honte de l'humanité. Aborde franchement celui que tu n'aimes pas; fais avec confiance le premier pas; abandonne tout amour-propre déplacé et tu retrouveras un ami véritable; tu te repentiras de l'avoir détesté. S'il résiste à ce mouvement de générosité, fuis-le, il n'est pas digne de ton amitié ni de la nôtre.

Lorsque tu élèveras la voix dans cette enceinte, que ce ne soit jamais que l'effet de la réflexion; n'oublie pas que l'accent de l'aménité et de la modestie est le seul convenable, le seul persuasif; que la sagesse ne préside jamais aux discussions trop vives;

sacrifie ton opinion à la plus raisonnable. La tienne
eût elle même cet avantage ; ne la soutiens pas avec
une profusion de mots et un ton qui l'affaiblissent.
Saches céder la parole et ne la reprendre que lorsque
tu veras la discussion prendre une direction contraire
à son but, lorsqu'elle aura besoin d'être redressée
pour arriver à son dernier point de maturité. Ménage
surtout l'amour-propre des frères, rien de plus délicat. Un langage simple et mesuré, soit en morale,
soit en affaires de famille est toujours éloquent, toujours écouté avec intérêt, entraîné nécessairement.
Enfin pense que tu parles à des hommes éclairés, à
des juges.

Devoirs envers l'ordre.

Lorsque tu fus admis à la participation des avantages de la maçonnerie, tu lui abandonnas en échange une partie de ta liberté naturelle ; tu fis plus, tu
juras de la lui consacrer. Tes obligations, mon F∴,
ne sont pas gênantes, quelques heures dans un mois,
dans un an, suffisent pour t'en acquitter. Le serment
de l'homme d'honneur n'est jamais vain.

Il faut que les règlemens commandent aux volontés, aux inclinations particulières. Si dans l'état civil on n'était pas contenu dans le devoir, par des lois, par des peines, je te laisse à penser si l'on pencherait pour le relâchement et si la dissolution de la société ne serait pas permanente ? Mais tu conçois que ces obligations deviendraient une tâche pénible, si nos réunions n'offraient rien pour le cœur, rien pour l'esprit, roulaient entièrement sur un formulaire qui, quoiqu'admirable et nécessaire n'est d'aucun effet sur les maçons exercés, n'est qu'une répétition multipliée à l'infini : eh bien! c'est à toi de semer l'intérêt dans nos séances. L'éclat, la prospérité de la loge reclament les fruits de tes talens, de ton esprit. Qu'une noble émulation s'élève dans ton âme, te distingue ; tu trouveras ici des rivaux dignes de toi, tu trouveras de l'encouragement. Le travail que tu feras pour l'ordre, te formera pour enrichir un jour la société, et te préparera d'honorables succès.

Loin de toi, mon F∴ ces prétentions académiques, c'est le comble du ridicule, lorsqu'elles ne sont pas appuyées d'ouvrages recommandables, mais il faut bannir de nos séances cette monotonie qui les rend insipides et ne vaut pas le moindre sacrifice.

Si tu en prends la résolution il n'est pas une circonstance un seul objet de réunion qui n'offre un champ à tes moyens ; essaye de les déployer, exerce tant soit peu ton imagination et tu y trouveras des ressources qui te surprendront toi-même et charmeront nos instans.

Ne laisse point absorber tes loisirs par le désœuvrement ou par des jouissances factices, quand tu peux en avoir et nous en procurer de réelles. Les efforts que l'on fait pour s'instruire, pour éclairer les autres, pour leur être utile, sont un véritable délassement, ne sont jamais perdus.

L'utile et l'agréable sont inséparables dans la maçonnerie, retranche le premier, la maçonnerie n'est rien ; supprime le second, la maçonnerie est peu de chose.

Sans morale point d'utilité, point d'agrément, point de société durable. Le rit philosophique veut qu'on la professe dans toute son étendue. Je m'y suis conformé en te retraçant ces maximes. Elles avaient besoin sans doute d'être développées plus habilement ; mais tu t'es apperçu qu'on ne peut les présenter que dans le cadre et avec les traits qui leur sont propres, et ton âme s'est ouverte à leurs impressions. Laisse qualifier ces maximes de sermon ; en les prenant pour règle de tes actions, tu accompliras ton destin, tu marcheras sur cette terre, l'égal des rois, le bienfaiteur des hommes et leur modèle.

Ce discours, rempli de sagesse et de vues saines sur la maçonnerie, est applaudi par une triple batterie. La L∴ saisit cette occasion pour témoigner à son Vén∴ le plaisir qu'elle éprouve toujours de l'entendre dans ses solennités lui retracer les devoirs que la maçonnerie impose à chacun de ses enfants.

L'harmonie exprime par ses accords toute la joie dont la L∴ est pénétrée.

Le Vén∴ frappe un coup de maillet ; à ce signal les FF∴ Mallet, Dumas, Roland et Magnet se rendent entre les deux colonnes, accompagnés des FF∴ de l'harmonie, et exécutent la Cantate suivante, de la composition du F∴ Brad.

CANTATE.

Voix principale.

Je te salue, Enfant des Dieux ;
Je te salue, ô toi qui de la France

Aujourd'hui comblés tous les vœux :
Du capitole ô la douce espérance,
Don chéri que lui font les cieux ;
Je te salue, aimable Enfant des Dieux.

Chœur

Saluons tous l'Enfant des Dieux ;
A ses genoux déposons notre hommage,
Et que dans ces augustes lieux,
De tous les Maçons l'assemblage,
De son amour porte le nouveau gage
Au berceau de l'Enfant des Dieux :

La voix principale.

De biens quelle source féconde !
Quel avenir s'ouvre pour nous !
Du siècle d'or les jours si doux
Reviennent consoler le monde,
Et ce bonheur promis à tous,
Sur un seul enfant il se fonde.
Lorsqu'il pourra de ses nobles parents
Lire la merveilleuse histoire ;
Lorsqu'il en apprendra la gloire
Du haut du char de la victoire,

Alors nous verrons ses beaux ans
S'inscrire au temple de mémoire.
Il aura de son père et les destins brillants,
Et la haute vaillance et le rare génie,
Il sera, comme lui, l'amour de la patrie.

Chœur.

Espérons tous cet heureux jour,
Où sur un trône illustré par son père,
Grand, généreux, bon tour à tour,
Formé par les soins de sa mère,
Comme eux il sera de la terre
Le soutien, l'orgueil et l'amour.

Récitatif.

Filez de si beaux jours, Dieux qui l'avez fait naître;
Veillez du haut des cieux sur le fils du Héros;
Par vous qu'il apprenne à connaître
Les destins que son père a faits pour lui si beaux:
Dieux immortels, c'est votre ouvrage
Qu'à protéger toujours la terre vous engage
Pour son bonheur et son repos.

Chant.

A ses bras caressants, à son tendre sourire
Qu'il connaisse aujourd'hui sa mère et ses bienfaits.

Illustre enfant, un jour partageant son empire,
Il connaîtra son père au bonheur des Français.

Chœur général.

Vive à jamais l'Auguste Enfant de France ;
Son nom sera béni de nos derniers neveux ;
Rome dans ses remparts sourit à sa naissance,
Et par lui l'univers est certain d'être heureux.

Les sentiments de la L∴ envers l'Enfant-Roi et son Auguste famille, que le poëte maçon a si bien exprimés dans ce morceau d'Architecture, sont vivement applaudis, et l'atelier témoigne en même tems par une triple batterie aux FF∴ Mallet, Dumas, Roland et Magnet tout le plaisir que lui en a procuré l'exécution.

Le Vén∴ donne la parole au F∴ Or∴ et ce dernier prononce le discours suivant :

MES FRÈRES.

Il y a quelques instans, je doutais encore si je devais oser élever ma faible voix dans cette auguste enceinte où tout ce qui frappe les yeux commande des pensées nobles et grandes ; devant une assemblée composée d'hommes instruits et éclairés ; à cette même place où celui qui l'occupait naguères a fait briller des talens distingués, et surtout dans une solemnité que vous avez consacrée à célébrer en commun la fête du premier ordre du monde, et l'évènement fortuné qui fixe les destins et le bonheur de l'empire.

Confondu par la grandeur du sujet, ce n'est qu'en tremblant que j'essaye de remplir la tâche que vous m'avez imposée ; mais fidèle à mes engagemens, je ne balance plus entre l'amour propre et le devoir, et si je ne puis faire preuve de talent, j'acquitterai du moins la dette du zèle et de la soummission.

Je dois d'abord vous présenter l'analyse succincte des travaux qui ont rempli l'année maçonnique qui vient de s'écouler. Il m'est doux de pouvoir vous annoncer que vous n'avez à y trouver que des motifs de satisfaction. Associé au F∴ Bermond pour l'examen des comptes qui vous ont été présentés dans la séance du 21 de ce mois, nous y avons procédé avec la méthode et le soin que leur importance exigeait, et que réclamait la confiance que vous nous aviez départie.

Les écritures sont bien entendues, les registres proprement tenus et à jour. Les recettes ont été exactement portées, les dépenses régulièrement faites et légalement justifiées.

Si nous comparons le résultat de cette gestion à celui qu'ont présenté tous les exercices précédens, nous ne pourrons disconvenir que notre situation financière ne se soit beaucoup améliorée, et que même elle ne soit prospère. Cependant vous avez appliqué des sommes considérables à des actes de bienfaisance ; vous avez fait des embellissemens notables, et acquis un mobilier de quelque valeur. Il ne faut pas se dissimuler que c'est aux soins et au courage imperturbable du F∴ Mallet, que nous devons l'ordre actuel de nos finances. Il a donc atteint le but, et pleinement justifié les nombreuses attributions qu'il ne tenait que de son zèle.

Si nous jettons un coup d'œil sur le grand livre d'architecture, chaque séance fixe agréablement notre attention. Des réceptions et des affiliations nombreuses, des fêtes célébrées avec solemnité et ornées de tous les charmes de la poësie et de l'éloquence, des actes fréquens d'une bienfaisance éclairée et généreuse, des relations d'amitié ouvertes avec des Ateliers respectables, des projets bien conçus pour la prospérité ou la splendeur de la L∴ : voilà ce qui en remplit les pages.

Parmi les nombreux initiés admis au bienfait de la lumière, les noms des FF∴ Coulomb, Rossi, Borson, Lacouture, Faravelli le fidèle, du jeune Lelio ; parmi les affiliés, ceux des FF∴, Cadot, Pomarède et Canton viennent s'inscrire honorablement sur nos colonnes. Oublierai-je les FF∴ Espagnols ? c'est dans votre sein que ces officiers estimables ont retrouvé une patrie, et se sont consolés des malheurs qui affligent leur terre natale. Leur départ a excité vos regrets, et vous avez vu les larmes de la tendresse fraternelle se mêler à leurs derniers embrassemens.

Un enfant de la veuve a été recommandé à votre bienfaisance. Ses talens lui ouvraient l'entrée du Lycée de Casal, mais sa pauvreté lui en fermait les portes : vous avez réparé les torts de la fortune. C'est de vous qu'il tiendra le bienfait de l'éducation, bien plus précieux que l'existence. Il est désormais votre fils d'adoption. Son jeune cœur en a pris les sentimens, et les succès qu'il obtient chaque jour vous récompensent de vos soins.

Toujours animés du désir d'atteindre le vrai point

géométrique, vous avez adopté le régime Écossais philosophique, qui se distingue par des principes plus sévères et une morale plus épurée. Bientôt la grande Mère L∴ empressée de récompenser le mérite, les talens ou les services rendus, a conféré les grades de *grands illustres Inspecteurs Commandeurs* aux FF∴ Roland, Liédot et Mallet, et plus tard celui de *Chevalier des grands aigles noirs et blancs dans les trois Temples*, au F∴ Brad. Enfin elle s'est plue à répandre ses faveurs sur le premier de ces FF∴, en le nommant son *Député Grand Inspecteur*.

Vén∴, la L∴ toute entière a applaudi à ce choix. Elle y a vu la récompense bien méritée du zèle infatigable, des talens peu communs, et du dévouement sans bornes qui ont dirigé tous vos pas dans une carrière longue et quelque fois difficile.

J'aime à me le rappeler: lorsque vous prîtes les rênes de cet At∴, le vaisseau de la L∴ abbandonné entre un calme plat qui paralysait sa marche, et des courans qui menaçaient de le submerger, faisait eau de toutes parts. Hardi navigateur, vous n'hésitâtes point à vous y jeter. D'une main ferme vous saisîtes le Gouvernail. D'intrépides matelots restés à bord, et ranimés par votre bonne contenance, *pompèrent* de toutes leurs forces. Vous le dirigeâtes en pilote habile à travers les écueils ; bientôt nous le vîmes surgir majestueusement au port; nos acclamations vous accueillirent sur le rivage, et vous y trouvâtes de nouveaux compagnons prêts à voler avec vous à de nouvelles découvertes. Vous ne tardâtes point à en faire, et vous arborâtes aussitôt le Pavillon Écossais.

Cependant, ne nous le dissimulons pas, mes FF∴, semblable à ces statues mutilées, mais encore debout, dont le doigt immobile indique au voyageur des routes qui n'existent plus, la maçonnerie toute vénérable qu'elle est, est loin de son institution primitive, et ses pratiques ainsi que ses cérémonies ne sont plus en rapport avec nos mœurs, nos lumières et notre civilisation. Je ne veux point attirer sur moi les anathêmes qui ont justement frappé l'impie Orateur de Dresde, ni fournir à nos détracteurs de nouvelles armes contre nous; je respecte mes sermens et je veux les garder; nous entretiendrons avec soin l'édifice de ce temple, comme des enfans pieux conservent religieusement l'héritage de leurs pères, mais je fais des vœux sincères pour une réforme qui me paraît nécessaire, et que je crois prochaine.

C'est pour avoir méconnu ces principes salutaires, que quelques FF∴, aux intentions desquels je me plais d'ailleurs à rendre justice, emportés par trop de zéle, ont failli à tout gâter ; tandis que d'autres laissaient tout perdre par leur indifférence. Votre sage prévoyance, Vén∴, vous fit appercevoir la cause du mal, et vous y appliquâtes aussitôt le remède. Vous êtes parvenu par des sages tempéramens à modérer les ardeurs du zéle, à réchauffer des germes prêts à se refroidir, et à retremper pour ainsi dire l'âme de cette L∴.

Tel on voit un arbre, l'ornement du verger, atteint tout-à-coup par les haleines brûlantes des vents du midi. Sa cîme verdoyante se décolore et se dépouille; une langueur mortelle l'a pénétré jusqu'aux sources de la vie: mais la main bienfaisante du cultivateur verse à son pied l'onde pure qui le ranime et le nourrit. Elle écarte les branches parasytes dont le faux luxe épuisait sa seve. Bientôt il pousse des rameaux plus vigoureux, il se couronne de fruits savoureux dont l'abondante récolte recompense libéralement les soins du cultivateur.

Vous vous reconnaissez dans cette image, Vén∴;

et vous avez déjà recueilli les fruits de votre sage culture. L'ordre, l'accord et l'harmonie qui ont présidé aux élections vous prouvent le bon esprit qui anime la L∴, et les bons choix qui en ont été le résultat, sont du plus favorable augure pour l'avenir. Pour la 2.me fois vous avez réuni l'unanimité des suffrages, c'est la plus douce récompense, comme le plus bel éloge de vos travaux. C'est avec le même éclat que le 2.me maillet a été maintenu dans les mains du F∴ Liédot; l'aménité de ses mœurs, l'amabilité et la facilité de son caractère, les graces de son esprit et la supériorité de ses talens rendent la colonne du midi fière de le voir à sa tête. Le F∴ Teissier marche sur les mêmes traces : ce sont deux ouvriers qui ont fait leurs preuves, et si leur zèle se ranime et se soutient, l'At∴ leur devra une grande portion de sa splendeur. Il faudrait louer tout le monde, car il n'est pas un seul des officiers dignitaires qui ne réunisse éminemment les qualités convenables à son emploi. Vos suffrages m'ont mis, moi indigne, au rang de ces élus ; je les prendrai constamment pour modèles, afin d'être digne autant qu'il me sera possible de l'honneur que vous m'avez fait, et des devoirs que j'ai à remplir.

Mais abandonnons des intérêts particuliers : le sujet qui nous rassemble, nous appelle à de plus hautes pensées.

Mes frères, une étoile brillante de clartés vient de poindre à l'occident, et déjà la chaleur qu'elle répand ranime, vivifie et féconde. Le Roi de Rome est né, et les rois mages, reconnaissant à des signes certains le souverain du monde, sont venus déposer sur son berceau les offrandes du respect, du dévouement et de la soumission. L'airain retentit encore de cette annonce fameuse qui forme le complément des hautes destinées que le ciel avait promises à la France.

Déjà ses mains, comme celles d'Alcide, préludent à des actions héroïques, en écrasant dans son berceau les serpens qui figurent les passions haineuses, les complots criminels, les folles espérances, les discordes fatales. Mystère étonnant de la puissance d'un grand génie, qui après avoir renversé, ébranlé ou renouvellé tous les trônes, rattache les destins du monde à un berceau, et met l'espoir des peuples dans les mains d'un enfant.

Heureux enfant, gage d'amour, d'espérance et de paix ! arche sacrée d'alliance et de réconciliation ! croîs à l'ombre des lauriers qui protégent ton berceau ! tu grandiras pour le bonheur du monde ; nos cœurs volent au-devant de ton empire, et nos vœux attendent de toi l'accomplissement des projets du génie supérieur qui te destine à assurer le repos et la prospérité de la France. Plus heureux qu'Alexandre, tu n'auras pas à répandre des larmes sur les triomphes de Philippe. Ce n'est point à ravager le monde que tes destinées t'apellent. La main paternelle du Héros qui te donna la vie, écartera de ton berceau les dangers qui pourraient arrêter les premiers pas de ton enfance. Sa tendresse s'est reservé les périls, les fatigues et les hazards des combats, pour ne te laisser que les jouissances d'un règne paisible et glorieux par les arts, le commerce et l'abondance. Elle a fondé le plus puissant empire de l'univers, c'est à toi qu'elle confiera le soin d'en assurer la durée. Les nôces de Thétis et de Pélée ont été renouvelées sous la protection des grands Dieux. Thétis impatiente demande à son jeune Achille non plus de sacrifier la gloire à de longues et stériles années, mais de délivrer son sein des humiliantes chaînes dont l'a chargé l'avare Albion. NAPOLÉON prépare la foudre qui, selon ses expressions, doit anéantir le dernier espoir de ce perfide insulaire, et terminer la 2.ᵉ guerre punique. Pourquoi, trop jeune encore, ne t'est-il pas donné de terminer la 3.ᵉ dans le sein de la nouvelle Carthage!

Cependant la veuve du peuple-roi sortant de son sommeil léthargique, se ranime aux chants d'allégresse qui proclament la naissance de son nouveau roi. Elle secoue la poussière dont les barbares et les pontifes avaient souillé son noble front; elle essuye les larmes qu'elle versait avec désespoir sur les tombes des Camille, des Scipion, des Trajan et des Antonins, et sourit à l'espérance de voir ces héros se reproduire en toi.

Pour nous, mes FF∴, nous inscrirons en lettres d'or, dans les fastes de ce temple, le jour de cette solemnité. Nous rattacherons nos plus précieux souvenirs à une époque qui ouvre si glorieusement cette année maçonnique. Nous redoublerons d'efforts pour maintenir dans un état brillant et prospère le temple confié à notre garde. Nous ne cesserons d'avoir présentes à la mémoire ces paroles sacramentelles adressées par le G∴ I∴ C∴ au Vén∴, au moment de son installation : » je vous remets la clef de la porte d'un tem-

» ple dont l'entrée ne doit être ouverte qu'aux hom-
» mes qui aiment à se dépouiller de la vanité des
» grandeurs, et dignes de pratiquer la vertu » nous
nous montrerons enfin dignes du titre que nous avons
écrit sur le frontispice de ce temple, du titre si honorable et si doux, des Amis de Napoléon le Grand
et du Parfait Accord.

La L∴ témoigne par les batteries d'usage à son
Or∴ combien elle a ressenti de plaisir à la lecture de
son discours, où se fait remarquer un ton d'éloquence sage et précis dans la première partie, et dont la
dernière renferme un enthousiasme d'idées qui convient si bien à la fête dont l'Enfant du Héros est
l'objet.

Après quelques instants de repos, l'harmonie exécute une marche grâve, et prélude à la cérémonie
suivante dont le Vén∴ donne le signal par un coup
de maillet; à ce signal deux maîtres de cérémonie vont
prendre sur les colonnes un F∴ ap∴, un F∴ comp∴
et un maît∴ ils les conduisent à l'O∴, leur présentent, à l'ap∴ une corbeille de fleurs, au comp∴ un
faisceau d'épis, au maît∴ une corbeille de fruits; en-

suite ils les accompagnent à l'Oc∴, d'où ils s'avancent par les pas mystérieux jusqu'aux pieds du trône, et pendant qu'ils offrent à l'Enfant-Roi ce premier hommage symbolique, les parfums brulent sur un autel, tous les FF∴ sont à l'ordre, le glaive en main, et le F∴ Roland chante les strophes suivantes de la composition du F∴ Brad. (le refrein de chaque strophe est répété par tous les FF∴)

Air . . . *mes chers enfans, unissez vous.*

Sur le berceau de l'Enfant-Roi
Plaçons nos offrandes nouvelles :
Les Francs-Maçons, sujets toujours fidèles,
S'empresseront d'obéir à sa loi.
Riche des vertus de son père,
Grand, comme lui, par ses bienfaits,
L'auguste Enfant, au trône des Français,
Fera le bonheur de la terre.

Trois S∴ P∴ R∴ ✠ G∴ Éc∴ également accompagnés par les maîtres des cérémonies, prennent à l'O∴ chacun une branche de laurier, vont, ainsi que les premiers, et dans le même cérémonial en faire offrande aux pieds du berceau (ces trois M∴ étaient trois militaires) pendant cette offrande la strophe suivante est chantée :

<blockquote>
Des fiers enfans de Marengo,
Roi de Rome, accepte l'hommage ;
De ces lauriers à l'immortel feuillage
Par nous l'armée entoure ton berceau,
Un jour sur les pas de ton père,
Suivi de ses vaillants guerriers,
Tes jeunes mains ceuilleront les lauriers
Qui font la gloire de la terre.
</blockquote>

Les maîtres des cérémonies vont prendre le Vén∴ à l'Or∴, les deux surveillans à l'Oc∴ ; leur présentent des branches d'olivier et d'acacia entrelacées ensemble, et les conduisent auprès du berceau. Pendant qu'ils y déposent ce dernier hommage de la maçonnerie, la strophe suivante est chantée ;

<blockquote>
Ce feuillage que sur nos fronts
A placé la philosophie,
Trois fois courbé sur ta tête chérie,
</blockquote>

T'assurera le cœur des francs-Maçons,
Et cet olivier que ton père
Dans sa couronne entrelaça,
A ton berceau chaque jour te dira
Les vœux et l'amour de la terre.

Après la cérémonie des offrandes, le Vén∴ donne la parole au F∴ Brad qui célèbre dans les vers suivants la fête patronale de l'ordre.

LE MATIN DE LA S.ᵗ JEAN D'ÉTÉ.

> Soleil, c'est aujourd'hui ta fête :
> L'été, chargé de blonds épis,
> Étale ses riches habits
> Et fait rayonner sur sa tête
> L'or, les saphirs, et les rubis.
> *Bernis.*

Déjà du jour l'aimable avant-courrière
A l'orient élève un front serein :
Le pur éclat de sa douce lumière
D'un jour brillant annonce le matin.
Bientôt Phébus va rouvrir sa carrière ;
Ses feux naissans ont réchauffé les airs ;
Il vient : son char a franchi la barrière,
Et le Soleil reveille l'univers.
Quel beau matin embellit votre empire,

Dieux, protecteurs des paisibles vallons!
Ce jour nouveau; ce jour qui vient de luire
Dans nos guérets murira les moissons;
Ce jour heureux est fêté des Maçons.

 Sur un gazon d'éternelle verdure,
Au sein des fleurs, des fruits et des épis,
S'élève un trône ou ce jour est assis :
Trône pompeux, la main de la nature
De tous ses dons se plût à l'embellir.
Sur les côteaux les moissons jaunissantes,
Ces tiges d'or que l'été fait murir,
Forment pour lui des vagues ondoyantes
Que les zéphirs balancent dans les champs:
A ses côtés, sur ces tapis mouvans
Mille bluets tombent des mains de Flore;
Tendres bluets qu'un bel azur colore,
Et vous pavots si riches, si brillans,
Sous un beau ciel empressez vous d'éclore
Pour animer ces tableaux ravissans.

 Mais près de moi d'où vient ce long murmure
Qui va se perdre au milieu des vallons?
C'est un ruisseau dont l'onde fraiche et pure
Coule, serpente et fuit sous les moissons.

Ainsi nos jours, dans leur pente rapide,
Riches des biens de la fraternité,
Coulent au gré du destin qui les guide
Vers les trésors de l'immortalité.

Voyez là bas ces arbres dont le faîte
En s'élevant s'arrondit vers les cieux:
De ce beau jour ils ombragent la tête:
Gage innocent de la bonté des Dieux,
Du mois de juin riche et douce conquête,
Ce simple dais, ce pavillon des bois
Ne couvre point l'orgueilleux front des rois:
Dômes de fleurs, de fruits et de verdure,
Pour les Maçons, dans le plus beau des mois,
Vous couronnez le front de la nature.

Vifs et légers, les habitans des airs,
Tous les oiseaux, la gloire du bocage,
Se sont unis sous des ombrages verds,
Pour nous charmer de leur tendre ramage.
Au mois de mai vous chantiez vos amours,
Heureux oiseaux ; vous deviez être pères :
Au mois de juin vous chantez tous les jours
Et vos enfants et leurs aimables mères.

Chantons de même, et portons jusqu'aux cieux

Des vrais plaisirs la séduisante ivresse ;
Et tous ensemble, en présence des Dieux ;
Ornons de fleurs le front de la sagesse.

Doux messager d'amour et du printems,
Au mois de mai sur ses ailes légères
Zéphir portait les soupirs des bergères,
Et les baisers de leurs jeunes amants ;
Au mois de juin, plus heureux, moins volage,
Il va porter sur un lointain rivage
Les grains ailés, les germes fécondants
Que les forêts ont nourris dans leurs flancs.

Ainsi portés sur les baisers d'un frère,
Des F∴ M∴ les antiques secrets
En ce moment sur le double hémisphère
De l'amitié font germer les bienfaits.

Mais qu'apperçois-je ? et quelle autre merveille
L'été présente à mes regards surpris ?
A sa chaleur un insecte s'éveille,
Il vît, il croît..... ses destins sont remplis.
Au tour de lui, par un art incroyable,
De légers fils s'allongent en cerceau ;
Il se blottït sous leur voûte admirable
Et sa substance est bientôt son tombeau.

Jeunes beautés, et vous, rois de la terre,
D'un faible insecte admirez les travaux;
Vos nœuds d'amour, vos superbes manteaux,
Il est chargé d'en broyer la matière.

Quel long murmure et quels bruians transports
Dans les bosquets au loin se font entendre?
Quel peuple ailé, recherchant leurs trésors,
Vient sur les fleurs en foule se repandre?

Accourez tous, enfans de Salomon,
Venez jouir de nouvelles merveilles;
Au mois de juin le peuple des Abeilles
Dans la nature est un peuple Maçon.
De vos travaux son travail est l'exemple;
L'instinct chez lui, pour vous est la raison:
De la sagesse une ruche est le temple,
Et d'un doux miel l'abondante moisson,
Fruit précieux d'un admirable ouvrage,
De vos vertus est la fidèle image.

Sous ce beau ciel, au sein de ses trésors,
Près de la ruche ou l'Abeille bourdonne,
Que sous nos mains s'élèvent sans efforts
De l'éternel et l'autel et le trône;
Que notre encens sur le parfum des fleurs

Monte vers lui : que nos sacrés cantiques,
Fruit de l'amour, langage de nos cœurs,
Aillent remplir les célestes portiques !

De l'univers créateur paternel
Grand Dieu, par qui dans nos plaines fécondes
Règne un bonheur que tu rends éternel ;
Du haut des cieux, ton séjour immortel,
Quand ton regard découvre tous les mondes,
Dont l'harmonie annonce tes bienfaits,
Daigne, o mon Dieu, l'abaisser vers la terre,
Et puisse-tu n'y rencontrer jamais
Que des mortels liés du nom de frère,
Ainsi que nous, au sein de la lumière,
Fêtant ton nom, les beaux jours, et la paix !

―――――

Cette planche d'architécture poëtique qui par des figures ingénieuses peint si bien les trésors du plus beau mois de l'année et ceux de la Maçonnerie, reçoit les applaudissemens d'usage ; la L∴ témoigne au F∴ Brad combien elle est flattée de le voir embellir ses solemnités par des tableaux aussi dignes d'elles.

Le même F∴ fait ensuite hommage à l'atelier de son poëme intitulé : ROME AU BERCEAU DE SON ROI ;

ouvrage présenté à Sa Majesté l'Empereur et Roi qui a daigné l'accueillir, et dont le Moniteur de France a fait une mention honorable. La L∴ sensible à l'hommage de cette poësie vraiment digne de la circonstance, en a ordonné le dépôt dans ses archives. le F∴ Maranzani obtient la parole et prononce le discours suivant :

MES FRÈRES.

Il n'est aucun de nous, qui ne connaisse combien le but de notre réunion est grand en lui même. Célébrer la fête de l'ordre, assurer de notre affection ceux qu'un digne choix vient de placer à notre tête, et partager en même tems l'allégresse, qui comble le cœur de tous les Français, telles sont les causes, qui nous amenent dans ce temple.

Il faudrait pour tracer de pareils sujets une voix bien plus mâle que celle qui ose se faire entendre ; mais pressé par les élans de mon cœur, je ne puis me taire ; heureux si je sais remplacer les beautés d'une vive et brillante éloquence par les sentimens de ce même cœur !

Qu'il est doux, mes frères, de se voir reunis à

d'aussi belles fêtes! combien chacun de nous doit prendre part à cette triple solemnité. Si des principes philantropiques nous amenent dans ce temple pour y sanctifier la fraternité, et faire fumer l'encens sur l'autel de l'amitié, principales colonnes de notre institutions ; des affection de cœur, plus encore que les devoirs d'hommes civilisés nous portent à venir reconnaître ceux qui, choisis pour soutenir l'édifice, veulent bien se charger de tant de peines ; nous leur devons d'autant plus d'amour, que, comme nous, ils savent qu'ils ne sont point élevés à des dignités pour se croire nos supérieurs, mais bien pour porter à chacun de leurs frères toute l'affection et l'attachement que nous leur avons voués.

Quoi de plus beau, en donnant cette journée à la reconnaissance, que de la consacrer en même tems à la joie, qu'inspire la naissance de cet enfant des Césars. Soumis par gloire et par honneur à son Auguste Père, nous ne pouvons lui donner des marques plus éclatantes de notre amour. Pourrions-nous passer sous silence les grandes vertus qui caractérisent ce guerrier Législateur, ce Législateur philosophe? vainqueur sur le Nil, le Danube et le Niémen, il a su , en domptant ses ennemis, les forcer à l'admiration et au respect. Le suivre dans ses victoires, ce serait ne vouloir plus terminer; aussi me bornerai-je à dire, que, nouvel Hercule, il est parvenu à dompter l'hidre de Lerne, et à affranchir ses peuples de la crainte de voir leurs foyers la proie d'un ennemi ; au milieu du tumulte des camps, ses premières affections, comme ses premières pensées, fûrent toujours pour le bonheur de ses peuples : il leur donna de sages loix, qui reçues aujourd'hui , même parmi ses ennemis , lui assurent la domination universelle. Il rétablit la religion si nécessaire au soulagement du cœur humain , et l'entoura de son premier lustre. La Maçonnerie qui, comme toutes les bonnes institutions, avait été bannie par les Démagoques, reparut à cette époque plus brillante qu'elle n'avait jamais été : en un mot il consacra ce beau principe , que les Rois sont faits pour le bonheur des peuples.

Que ne devons-nous pas attendre du fils d'un si grand homme ! Ce digne enfant auquel se rattache la destinée de tant de nations , élévé dans la pensée de son Auguste Père, fera le bonheur de ses peuples : il sera, n'en doutons pas , un nouveau Salomon , et le temple se réédifiera sous son Règne. Puisse-t-il un jour connaître combien les Amis de Napoléon lui sont soumis ! Réunissons-nous, mes frères, autour de ce nouvel astre pour en suivre la destinée et pour chanter en son honneur les louanges de son Père.

Réunissons nous aussi au chef qui nous préside, comme au centre d'où doivent partir toutes nos affections, et nos volontés ; resserons en ce jour les liens qui nous attachent, seul moyen de faire briller du plus grand eclat ce respectable Atelier, oublions, si jamais il en a existé, toutes ces petites divisions presque toujours inhérentes aux sociétés humaines : n'ayons dorenavant qu'une pensée, celle du bonheur et de la prospérité de l'ordre ; que tout Maçon en franchissant les parvis de ce temple, se dépouille de tous ces petits défauts d'amour propre, d'esprit de domination, qui dégradent le cœur humain ; qu'il n'y apporte que l'esprit de la concorde, l'amitié et l'attachement le plus sincère pour ses frères. C'est alors que notre institution, sainte par elle même, fleurira, et qu'on verra les profanes nous respecter, malgré les sots préjugés dont ils sont imbus.

Ce discours ou règne la plus douce fraternité, est écouté avec le plus grand intérêt; l'orateur qui y loue le Souverain de la France d'une manière si digne de lui, et qui rappèle à ses FF∴ une morale si conforme aux principes de la maçonnerie, est d'autant mieux applaudi de l'atelier, qu'il lui a retracé la pure morale de l'évangile dont il est le digne ministre, et qu'il l'a fait avec éloquence dans une langue qui n'est pour lui qu'une langue d'adoption.

Le sac aux propositions et la boite des pauvres circulent : ensuite tous les FF∴ forment la chaîne d'union au tour du berceau du Roi de Rome, lui jurent amour et fidélité, comme à Son Auguste Père, et se donnent le baiser de paix.

Les travaux étant sur le point du finir, le V∴ fait l'appel accoutumé aux FF∴ pour avoir leurs observations sur le bien de l'ordre en général et sur celui de ce R∴ atelier en particulier.

Le F∴ Astier demande, obtient la parole et dit. Mes FF∴, dans tous le cours de la brillante fête que nous venons de célébrer, nous n'avons rendu nos hommages au Roi de Rome, que comme à l'héritier du Trône des Trônes, acquis par la valeur et le génie ; mais il en est un autre non moins digne de lui, puisqu'il est celui du gouvernement de la morale universelle, le trône maçonnique auquel nos cœurs l'appellent : c'est pourquoi je propose, pour terminer la fête, de transporter le berceau simbolique à notre Orient, comme un nouvel astre levant qui, lorsqu'il sera à son midi, éclairera le monde du flambeau de la philosophie naturelle, et repandra un nouvel éclat sur les Francs-Maçons qui la professent. Espérons que le Roi de Rome finira l'œuvre de Salomon, comme son Auguste Père a fini l'œuvre de Charlemagne.

La proposition est acceptée à l'unanimité, et l'exécution ordonnée.

Un dernier morceau d'harmonie se fait entendre et les travaux sont suspendus pour être repris dans la salle de banquet.

TRAVAUX DE BANQUET.

La salle décorée de fleurs et de feuillages, chaque F∴ au bruit d'une musique douce et brillante, prend sa place de banquet, tenant le glaive d'une main, et de l'autre un bouquet de fleurs. Le Vén∴ frappe un coup de maillet : le plus grand silence règne sur les colonnes. La santé de l'Empereur, de la Famille Impériale est portée suivant l'usage, et couverte des plus vifs applaudissemens.

Celle du Roi de Rome, objet spécial de la fête, est portée séparément, et commandée par le Vén∴ en ces termes.

1.er *feu.*

AU ROI DE ROME.

Nouveau César, il fera renaître les glorieuses destinées de l'antique maîtresse du monde.

2.e *feu.*

AU FILS DU HÉROS.

Il héritera du génie, de la gloire et de la sagesse de son Auguste Père.

3.e *feu.*

AU FUTUR SOUVERAIN DES FRANÇAIS.

Riche des douces vertus de son illustre mère, il fera le bonheur des peuples sous un règne long et paisible.

Le Très-Vén∴ chante les couplets suivants de sa composition.

1.

On dit qu'un petit bon-homme,
Rayonnant de Majesté,
Va donner des lois à Rome,
Quand il aura bien tété.

2.

Fêtons ici sa naissance,
Par un feu précipité ;
Unissons nous à la France,
Pour saluer sa santé.

3.

Tout sourit aux vœux du père,
Jusques dans la volupté . . . .
Il est d'accord, sur la terre,
Avec la divinité.

4.

Oh prodige inconcevable !
Nul fait dans l'obscurité,
N'eût un succès si notable . , ê
Tout était bien ajusté.

5.

Louise avait en partage
Grâces et fécondité ;
Louise était l'heureux gage
De l'infaillibilité.

6.

Si l'Enfant tient de son père,
Il a l'air d'un indompté,
Du fils du Dieu de la guerre
Et de l'immortalité.

7.

Napoléon, ton génie
N'admet point de parenté
Mais le sort de la patrie
Voulait ta postérité.

Ce cantique a rappelé à la L∴ la muse aimable et légère de son Vén∴ qui déjà plusieurs fois lui en avait offert du même genre, il a été couvert des plus vifs applaudissemens.

La gaité, la décence ont constamment regné pendant ce banquet fraternel, et parmi beaucoup de cantiques et de pièces d'architecture poëtiques, sagement épicuriennes, le F∴ Mallet a chanté le cantique suivant, de la composition du F∴ Brad :

ÉLOGE DE LA MAÇONNERIE.

Air . . . *de l'Amour Maçon.*

Quel plaisir pur sur tous les fronts,
Comme un beau jour, dans ces lieux brille!
Ah! je reconnais les Maçons
Assis au banquet de famille :
Une heureuse simplicité,
Ainsi qu'au tems de nos vieux pères,
Donne ici la félicité,
Et de nous fait autant de frères.

Chantons, amis, le verre en main,
L'antique nœud qui nous rassemble,
Et que toujours même destin
Unisse les Maçons ensemble :
Image du bonheur des cieux,
Cette union, et douce et tendre

Est un bien que la main des dieux
Sur la terre a daigné repandre.

Qui peut ignorer de nos lois
Et la bienfaisance et les charmes ?
Dans le monde combien de fois
Les Maçons ont séché de larmes !
Au viellard ils tendent la main ;
Du pauvre ils calment la misère ;
Et toujours au jeune orphelin
Ils donnent tous les soins d'un père. (1)

Voyez dans ces tristes climats
Où vit le Sarmate sauvage,
Ce Maçon que dans les combats
Égare un trop bouillant courage :
Sous le fer de son ennemi
Il tombe . . . il va perdre la vie,
Il fait un signe . . . et d'un ami
Sa main touche la main chérie. (2)

---

(1) Allusion à ce que vient de faire la ▢ des AMIS DE NAPOLÉON, pour le jeune Bonsiglio.
(2) Fait historique qui se passa à la bataille d'Austerlitz, où un M∴ officier au 9.e Régiment de Hussards, fut sauvé dans la mêlée, par un officier russe également Maçon.

Comme autre fois ces chevaliers,
Qu'emportait au loin la vaillance,
Sous des lambris hospitaliers
Se reposaient de leur souffrance ;
Un Maçon qu'en lointains pays
Porte la fortune ennemie,
Sous la voûte de nos parvis
Retrouve encore sa patrie.

Heureux Maçons, dans nos banquets
Liés d'une chaîne éternelle,
Ah, conservons tous les bienfaits
D'une amitié pure et fidèle,
Et puissions-nous, toujours heureux,
Quand nous leur transmettons la vie,
Porter à nos derniers neveux
Les dons de la maçonnerie !

Les travaux de la mastication étant arrivés à leur fin, la chaîne d'union a été formée, et la dernière santé d'obligation portée aux accens accoutumés du cantique philantropique, *Frères et Compagnons etc.*

Pendant ces derniers instans du banquet fraternel,

au moment où tous les M∴ formaient des vœux pour le soulagement des malheureux sur la terre, la ▢ a fait distribuer des secours en pain aux plus nécessiteux de la ville.

Les travaux ont été fermés à la manière accoutumée, et le Vén∴ a invité tous les FF∴ à passer dans le jardin pour y prendre le café, s'y reposer un instant, et y jouir d'une illumination que le F∴ architecte y avait fait préparer avec art sous les berceaux de verdure: les FF∴ de l'harmonie y ont fait entendre des airs toujours chéris du F∴ M∴ et le F∴ Brad, au contentement de tous les FF∴, y a lu la pièce de vers suivante, extraite d'un poëme sur la maçonnerie qu'il se propose de faire imprimer, pour faire suite à Vénus et aux Graces maçonnes, poëmes déjà imprimés dans les annales maçonniques.

ESSAI SUR LE NOMBRE TROIS.

Numero Deus impare gaudet Virg.

Dans un banquet on se trouvaient assis
L'amour, Vénus, et les Grâces Maçonnes ;

Vers le dessert, quand Bacchus et les ris
En folâtrant parcouraient les colonnes ;
Lorsque chacun, le front orné de fleurs,
A son voisin racontait une histoire,
Disait des vers et des chansons à boire,
L'amour joyeux, entouré de ses sœurs,
Prit une lyre, et d'une voix légère
En souriant essaia de chanter
Du nombre *trois* l'ingénieux mystère.

O vous, dit-il, qui daignez m'écouter,
Nobles amis de la philantropie,
Des apprentis, vous la force chérie,
A l'occident quand j'élève la voix,
Soutenez moi : Maçon bien jeune encore,
A l'indulgence, hélas, j'ai tous les droits ;
Pour mon début, mes amis, je l'implore,
Pretez l'oreille, ici du nombre *trois*
Je vais chanter la puissance et les lois.

Sur un *trépied* que lui présente un frère ;
Soudain il monte, appuié de sa mère :
Là, quand il eut demandé par *trois* fois
Du Dieu des vers l'assistance ordinaire,

Il commença : les fidèles échos
Dans le lointain reportèrent ces mots :

Chantons, amis, l'éternelle existence
Du nombre *trois* révéré dans ces lieux :
Tout dans l'espace, et la terre, et les cieux,
L'onde, l'enfer, proclament sa puissance.
Platon qui fut son plus antique appui,
En a formé la généalogie,
Et Pythagore en faisait avant lui
Le fondement de sa philosophie.

Chez les mortels, ainsi que chez les Dieux,
Au sein des arts, comme dans la nature,
Du nombre *trois* l'inégale mesure
Frappe à la fois et le cœur et les yeux.

Lancés, conduits par une main puissante
Qui les retient au bout de la tangente,
L'astre des jours dans son cours annuel,
L'astre plus doux qui la nuit nous éclaire,
Ce globe enfin où tout homme est mon frère,
Forment entre eux un *triangle* éternel.

Entre *trois* Dieux jadis on vit le monde

Pour le bon ordre en *trois* parts divisé,
Et chez les grecs leur pouvoir composé
A gouverné le ciel, l'enfer et l'onde.

Du Dieu par qui tout se règle et se fonde,
De Jupiter, quand il est courroucé,
Nous dit Homère, en Maçon exercé,
Quand il exprime une fureur profonde,
Les sourcils noirs par *trois* fois sont froncés,
Et dans les airs *trois* fois la foudre gronde,
Lorsque par lui nos vœux sont exaucés.

Au mont Ida *trois* déesses charmantes
De la beauté disputèrent le prix :
Deux, aux regards de leur juge surpris
Firent briller les grandeurs séduisantes,
L'or, la sagesse et les riches habits,
Et la *troisième*, aussi belle que tendre,
Timide, nue, et cherchant à défendre
Avec ses mains les charmes les plus doux,
En rougissant laissa voir... ô vous tous,
Heureux M∴ empressés de m'entendre,
Nouveaux Pâris, à ses divins genoux,
Trois fois baissés dans une ardeur commune,
Vous eussiez mis *trois* pommes au lieu d'une.

Sur l'hélicon, plus sûr que l'institut,
Sans nul jury, sans amis, sans cabales,
Très sagement le Dieu du goût voulut
Que les neufs sœurs, de leurs mains virginales
Par *trois* fois *trois* offrissent aux savans
De ses lauriers les rameaux triomphans.

Trois fois Diane exerce sa puissance
Dans l'univers : on l'y voit tour à tour,
Phébé la nuit, Diane dans le jour,
Hécate aux lieux où n'est plus l'espérance.

Dans le tartare, ou commande Pluton,
Veillant sans cesse, un chien à triple tête
Aboit *trois* fois aux bords ou l'Achéron
Serpente autour des ombres qu'il arrête.

Près du destin qui régit l'univers,
Un vieux *trio* de femmes décharnées,
Seul, accroupi dans un coin des enfers,
Dispose, file, et compte nos années.

Plus loin, montés au trône de Thémis;
Effroi du crime, appui de l'innocence,
Au nom des Dieux *trois* juges érudits,

Sans nul égard, dans la même balance
Pèsent les rois, les grands et les petits.

Faisant siffler leurs sinistres serpents,
Par la vengeance ensemble réunies,
Au nombre *trois* dans le cœur des méchants
On voit toujours se glisser les furies.

Belle Vénus, pour embellir ta cour
De ton souris nacquirent les *trois* Grâces,
Et *trois* couleurs, formant tes nœuds d'amour,
Fixent *trois* fois les plaisirs sur tes traces. (1)

Ces nombres *trois*, ces nombres si puissans,
Dans le collége, au printems de ma vie,
Je les appris de la mythologie :
Tout écolier est payen à quinze ans.
Mais il en est de plus saints, de plus grands
Dont le Ciel même a voulu nous instruire ;
Un nouveau culte aux mortels enchantés
Vient présenter d'augustes *trinités* ;
Je suis chrétien et je dois vous le dire.

---

(1) Necte tribus nodis ternos, amarilli, colores,
Necte, amarilli, modo, et veneris, die, vincula necto. *Virg.*

Du peuple hébreux l'origine et les lois
Ont pour appui *trois* viellards vénérables.
Près d'un Dieu né ce peuple vit *trois* rois
Venir courber leurs têtes respectables.
De Jesus christ les préceptes connus,
Ces douces lois qui font de nous des frères,
Ont pour soutien *trois* principaux mystères,
Pour ornement *trois* aimables vertus. (1)

Trois fois l'encens par le prêtre se donne
Sur les autels qu'orne la *trinité* :
Ce nombre saint, dans Rome redouté,
Fait d'un Dieu seul une *triple* personne :
Le Pape enfin, au Vatican monté,
Couvre son front d'une *triple* couronne ;

Mais sans chercher au front du Vatican
Du nombre *trois* les pompeux témoignages,
Jetons les yeux sur nous, sur nos ménages,
Nous l'y verrons briller à tout moment.

Chez les mortels, en traits inéffaçables,
Ce nombre auguste est gravé pour jamais :

---

(1) La foi, l'espérance et la charité.

Trois grands ressorts, *trois* léviers admirables,
De la nature y disent les bienfaits :
Centres de vie, ils ont pour appanage
Des fonctions le plus noble assemblage. (1)

De la pensée organe glorieux,
Avec Newton l'un nous élève aux cieux,
Et des beaux arts nous offrant la merveille,
Sert le génie, au nom du grand Corneille.

Du sentiment, l'autre, organe plus doux,
Besoin d'une âme et généreuse et belle,
Dans l'univers, toujours à ses genoux,
Du bon Titus offre aux rois le modèle.
Don précieux fait aux pauvres mortels
Qu'amour cruel trop souvent tirannise,
Il entretient par des feux éternels,
Les chants d'Ovide et les pleurs d'Héloïse.

Pour le *troisième* . . . amis, de nos plaisirs
Nature en fit la source bienfaisante.
Centre d'amour! volupté séduisante!

---

(1) Ces trois grands centres de vie dans l'homme sont le cerveau, le cœur et l'organe de la génération.

Là, sont unis et les brûlans desirs,
Et les transports, et l'extase enivrante,
Et les baisers que nous donne le ciel
Pour conserver son ouvrage immortel.

Chez nos ayeux, gage de la victoire,
Et soumettant tous les cœurs à leur loi,
Trois fleurs de lys, au casque d'un bon roi,
Portaint aux cieux Gabrielle et la gloire.

De la nature interprètes savans,
Législateurs de l'empire de Flore,
Du nord au sud, du couchant à l'aurore
Trois immortels ont droit à notre encens. (1)

L'un, de la terre ouvre le sein fertile :
Des végétaux, en philosophe habile,
Pénétre, voit le germe fécondé ;
Et le jardin que Buffon a fondé,
D'un grand sistême est le texte et l'asile.

---

(1) Les trois grands Botanistes, chefs d'école, Jussieu, Tournefort et Linné.
(2) C'est d'après le sistême des Jussieu que tout est classé dans le jardin des plantes à Paris, on sait que ce sistême est fondé sur les cotilédons, ou embryons des graines.

L'autre, élévé sur la tige des fleurs,
Le front brillant de leurs mille couleurs,
En examine et les formes utiles,
Les traits, le nombre, et l'ordre tour à tour ;
Pour chaque plante en fait des noms faciles
Qu'ont retenus les échos d'alentour. (1)
Au sein des fleurs le *troisième* à sa place,
Et de ses doigts entrouvrant avec grace
Le voile heureux qui cache leurs amours,
Au lit d'himen les surprend, et nous trace
Leurs doux baisers, leur vie et leurs beaux jours.(2)

Tel, en ouvrant son âme à la tendresse,
D'amans discrets un couple fortuné,
Brulé des feux qu'allume la jeunesse,
Se voit, se plait, s'attire, est enchainé.

Au temps passé de la chevalerie,
Temps fortuné des troubadours joyeux,
Dans ses vallons l'antique Occitanie
Cachait *trois* fleurs qu'une beauté chérie
Porta long-tems sur son cœur amoureux :

---

(3) Ce système de Tournefort est fondé sur la phisionomie des fleurs qui se compose de leur disposition et de leur nombre ; la nomenclature de ce sistème en dérive, et devient par là tres-facile.

(1) Sistème sexuel de linné, dont sa fille, dit-on, lui donna la première idée.

Dans ses beaux jeux, l'héritage de Flore,
Quand chaque année amene le printems,
Toulouse au loin les fait briller encore
Aux yeux charmés des troubadours naissans.
Du *gai savoir* légataire fleurie,
Réjouis-toi, célèbre académie ;
La voix d'Isaure et la voix des neufs sœurs
Dans ton enceinte ont nommé les vainqueurs ;
Et l'églantine, et l'humble violette,
Et le Souci couronnent par *trois* fois
Le sein d'Isaure et le front du poëte
Qui dans ses vers *trois* fois chanta tes lois.

Juge éclairé dans la cave, à l'office,
Certain gascon, au fougueux appétit,
Des grands du jour disait que tout l'esprit
Est sur leur table en un *triple* service.

A son bureau bien souvent aux abois,
Un financier (honnête homme sans doute)
Tout doucement vous fait sa banqueroute,
En se sauvant par la règle de *trois*.

Un bon mari (car il en est encore)
Avec sa femme, au moins pendant trois mois,

Des douces nuits qu'ils divise par *trois*,
Fête le soir, et minuit et l'aurore.

D'une charade auteur ingénieux,
Vous avez vu le marquis de Lignole
En ajuster deux membres pour le mieux;
Quand la marquise, instruite à son école,
Entre les bras d'un amant fortuné
Que ses faveurs ont *trois* fois couronné,
Criait de loin dans un plaisir extrême :
Lignole, et moi, je suis à mon *troisième*.

A pas comptés suivant le médecin,
Un chirurgien que de près par derrière
Suit à son tour monsieur l'apothicaire,
Forme un *trio* dont tout esprit malin
Croit en santé qu'il est permis de rire,
Sans redouter leur redoutable impire :
Mais, ô malheur! la fièvre aux feux brulans,
Vient du rieur surprendre l'imprudence :
Il est au lit; ses membres languissants,
Ses traits changés, indiquent sa souffrance :
Triste, abattu, ses yeux déjà mourants
Des medecins conjurent la science :

Tout son espoir est dans leur assistance.
Du nombre *trois* salutaire puissance !
Grace à leurs soins, du séjour des tombeaux
Le voyez-vous revenir à la vie ?
Dans peu de jours sa force rétablie
A ramené sa gaité, ses bons mots ;
De ses beaux jours il retrouve l'aurore ;
Il vit, comblé de toute leurs faveurs.
L'ingrat ! bientôt oubliant ses sauveurs,
Pour tout salaire il les plaisante encore.

Mes chers amis, l'homme en bonne santé
N'eut point montré cette gaité perverse,
Si d'un coup d'œil la *triple* faculté
Pouvait donner la fièvre *triple tierce*.

Il vous souvient de ces jeux innocents,
Dont s'amusait notre paisible enfance,
Jeux ou l'amour, toujours d'intelligence,
Réunissait les filles de quinze ans :
Gages touchés, il fallait de *trois* choses
En choisir une, et la faire à l'instant.
Arrêt dicté par des lèvres de roses,
Il en avait le charme ravissant.

-- Chantez, monsieur, disait la jeune Adèle.
Mais chantez donc ; vîte, nous écoutons.
-- Je le veux bien ; de toutes mes chansons
Votre nom seul est le refrein fidèle.
-- Ne chantez pas, mais courez à maman
De vos secrets faire la confidence
-- Je n'en ai qu'un ; mes yeux à tout moment
L'ont dit assez -- monsieur, pour pénitence,
Et laissant là tout superflu détour,
Sans qu'on le voie, embrassez la plus belle.
Du nombre *trois* ô puissance immortelle !
Discretement le baiser fait le tour ;
Adèle seule à sa douceur chérie
Connut soudain le baiser de l'amour,
Adèle encore en devint plus jolie,

A Gène, à Rome, à Venise, à Milan,
Heureux pays ou tout veut que l'on aime,
Lorsque l'himen se voit vieilli d'un an,
A son secours il appelle un *troisième*,
Beau Sigisbé, qu'un époux simple et bon
Nomme à Paris l'ami de sa maison.

Si par malheur cet époux débonnaire
Porte un chapeau qui soit *trois* fois pointu :

Le méchant dit : chapeau *triangulaire*
Est le signal d'un nom qui rime en U.

Près du berger dont l'amour est extrême
Lisette hier se promenait aux bois ;
Ils étaient seuls ; l'amour en tapinois
Survient bientôt pour faire le *troisième*,
Et sur des fleurs l'innocente beauté,
Du nombre *trois* cherchant la volupté,
Livre au berger une bouche de rose,
Un sein de Lys, puis encore autre chose.

Des *trois* Bernards que Voltaire a chantés,
Vous connaissez la différente histoire :
L'un fut un saint, l'autre un riche, et leur gloire
Dont firent bruit nos ayeux hébétés,
Depuis long-tems on a cessé d'y croire :
Mais le *troisième*, aimable troubadour,
Qui des amans célébra la victoire,
Poëte heureux, tout auprès de l'amour
Il a sa place au temple de mémoire.

Chez les Anglais, ou de la liberté
L'autel sacré s'élève auprès du trône,
Des vielles lois l'auguste autorité

De *trois* pouvoirs s'appuie et s'environne,
O doux accord! bonheur du nombre *trois*!
Triple lien qu'à formé la sagesse!
Quoiqu'opposés, la loi régit sans eesse,
Le roi, les grands, et le peuple à la fois. (1)

Chez nos ayeux courbés dans l'esclavage,
Lorsque la France à ses nombreux tirans
Payait tribut du plus honteux servage;
Les Nobles vains, les moines fainéans
Du nombre *trois* profanant le mystère,
D'un peuple entier firent un *tiers*-état!..
Le tems enfin, la raison, la lumière
Des vils tyrans ont puni l'attentat;
Et de nos jours dans sa juste balance
La loi qui pese et l'homme et ses vertus,
Venge la terre, et ne permettra plus
Du nombre *trois* et l'oppropre et l'offense.

Mais le tems passe, et déjà de la nuit
La *troisième* heure, amis, s'est fait entendre;

---

(1) Les députés du peuple, et les grands, et le roi
Divisés d'intérêts, réunis par la loi.
       Henriade.

Si je l'osais, au-delà de minuit
Mes *trinités* pourraient encor s'étendre.

Chez les Romains, de leur *triumvirat*
Je vous dirais la farouche existence :
Je vous dirais d'un heureux consulat
Le *triple* honneur, la *triple* bienfaisance
Par qui le ciel voulut sauver la France ;
Je vous dirais... non, gardons le silence :
Conteur discret, au gré de mes loisirs,
Je ne veux pas épuiser la matière :
Pour d'autres jours et pour d'autres plaisirs
Il faut laisser quelques choses à faire.
Mais accordez à ma muse légère
D'un nombre *trois* le récit plus touchant ;
C'est le dernier: dans ce banquet où brille
De l'union l'exemple attendrissant,
Je ne saurais finir plus dignement
Qu'en vous offrant un tableau de famille.

Considérez auprès de son amant
La jeune Églé, de roses couronnée :
Le front baissé, de pudeur rougissant,
Elle revient des autels d'hyménée :

Ivre déjà du bonheur qui l'attend,
Elle apperçoit la couche fortunée
Qu'amour pour elle a couverte de fleurs.
La volupté, les plaisirs enchanteurs
Vont terminer cette heureuse journée :
Ils sont unis ces innocents époux...
Mais du bonheur ils n'ont vu que l'aurore :
Dans les plaisirs à leur âge si doux
Quoiqu'enivré, leur cœur désire encore,
Et ce désir interroge les mois :
Trois sont passés. O fortuné présage !
A peine ont-ils compté par *trois* fois *trois*,
De leurs amours ils voient naître le gage.

Enfant chéri, fruit d'un doux mariage,
De deux époux ô lien enchanteur !
Tendre famille, intéressant ménage,
Le nombre *trois* achève ton bonheur.

De ce bonheur puissions-nous tous, mes frères,
En bons Maçons être enivrés toujours !
Tous, par *trois* fois prenant en main nos verres,
Saluons tous par *trois* fois les amours :
Que par *trois* fois de leurs mains caressantes

En folâtrant ils filent nos beaux jours,
Et que ce soir vos épouses charmantes
Dans leurs époux retrouvant des amans,
Par *trois* fois *trois* reçoivent votre encens.

Vivat, *vivat*, ensemble s'écrièrent
Tous les Maçons que ce nombre a surpris.
Vivat, *vivat*, les Grâces répétèrent :
Vivat encor, dit la belle Cypris,
Et du banquet les échos réunis,
De loin en loin se prolongeant sans peine,
Sur le rivage où serpente la Seine,
Plus d'une épouse, entendant ce *vivat*,
A son mari disait : *fiat*, *fiat*.

FIN.

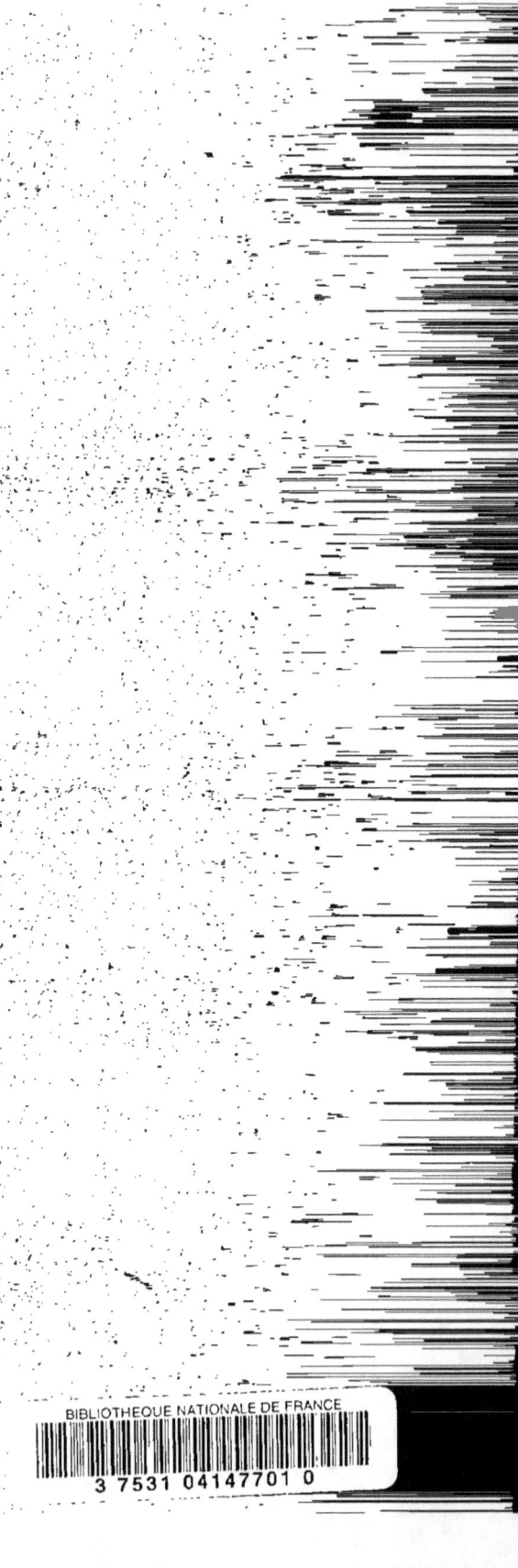

www.ingramcontent.com/pod-product-compliance
Lightning Source LLC
LaVergne TN
LVHW021001090426
835512LV00009B/2003